JU

A juga

A jugar con sombras

Acertijos enigmáticos

Acertijos geniales

Adivina adivinador

Agua pasa por mi casa

Ajedrez infantil

Ajedrez práctico

Ajedrez super fácil

Campeón enseña ajedrez

Cancionero infantil mexicano

Canciones infantiles

Ejercicios clásicos de ajedrez

Esto es el aire

Juegos mentales

Juegos para fiestas

Juegos para la estimulación temprana

Juegos tradicionales mexicanos

Lana sube lana baja

Nuevas canciones infantiles

Nuevos juegos mentales

Nuevos juegos para fiestas

Pablito clavo un clavito

Piensa rápido

Rápido ruedan las ruedas

Safari en casa

Tito, tito capotito

Tres tristes tigres

COLECCIONES

Colección Ejecutiva
Colección Superación Personal
Colección New Age
Colección Salud y Belleza
Colección Medicina Alternativa
Colección Familia
Colección Literatura Infantil y Juvenil
Colección Didáctica
Colección Juegos y Acertijos
Colección Manualidades
Colección Cultural
Colección Espiritual
Colección Humorismo
Colección Aura
Colección Cocina
Colección Compendios de bolsillo
Colección Tecniciencia
Colección Esoterismo
Colección con los pelos de punta
Colección VISUAL
Colección Arkano
Colección Extassy

Gretel García Davids y Eduardo Torrijos Ocádiz

JUEGOS CON LÁPIZ Y PAPEL

SELECTOR
actualidad editorial

SELECTOR
actualidad editorial

Doctor Erazo 120
Colonia Doctores
México 06720, D.F.

Tels. 588 72 72
Fax: 761 57 16

JUEGOS CON LÁPIZ Y PAPEL

Diseño de portada: Carlos Varela
Ilustración de interiores: Eduardo Torrijos

ISBN: 970-643-161-6

Séptima reimpresión. Junio de 2005.

Impreso y encuadernado en México.
Printed and bound in Mexico.

Contenido

dedicamos este libro con todo afecto y cariño para una familia muy especial en nuestras vidas, ejemplo de que la amistad, al paso del tiempo, en vez de caer en el olvido hace sus raíces más grandes.

para la doctora carmina estrada, su esposo javier romo y sus hijos maría fernanda y javier jr.

sus amigos

gretel y eduardo

Introducción

El lápiz y el papel son dos elementos sencillos que podemos encontrar comúnmente en nuestras casas y con ellos, aunque parezca increíble, tener mucha diversión por largos ratos. La prueba de ello es la publicación de este libro.

Estos objetos, a los cuales no les damos la importancia que se merecen, nos acercan a un mundo pocas veces explorado en su conjunto; divertirnos sanamente.

Nada hay más emocionante que tener enfrente una hoja en blanco y un lápiz o bolígrafo, para dejar volar la imaginación. Así, han nacido grandes ideas, importantes inventos y toda la obra escrita del hombre. Sólo gracias a la creatividad e imaginación y nuestros dos elementos.

En algunas ocasiones por razones de espacio, no encontramos en qué dístraenos o en qué entretener a los niños de la casa.

Lo atractivo de los juegos que aquí presentamos es que, principalmente, hay que utilizar la imaginación para practicarlos y un poco o mucho de la ayuda de nuestras manos.

Por supuesto, hay algunos que se han jugado desde siempre y otros que consideramos que son algunas novedades.

Este libro es un viaje, desde los clásicos juegos como el gato, el timbiriche, y el crucigrama, hasta los juegos lingüísticos.

Las letras, los números y las palabras; las líneas y los cuadros son nuestra materia prima y los elementos para desarrollar estos juegos, ya sean los conocidos o los inventados.

Pretendemos presentar algunas actividades que nos diviertan en grande y por horas.

¿Por qué no lo intentan y lo comprueban?

La edad no es una limitante; desde los niños más pequeños que puedan jugar al gato, hasta los adultos pueden disfrutar de estas propuestas. Es una excelente forma de gimnasia mental; enseñarnos a pensar, es educarnos.

Si es posible, apréndete algunos de estos juegos, muéstraselos a tus amigos y familiares, ya sea para practicarlos en el hogar o en los ratos libres que nos deje la escuela.

Sin que nos demos cuenta, estos juegos aumentan nuestro vocabulario, hacen prácticas del trazado de líneas, fomentan la convivencia familiar y hacen crecer nuestras amistades.

Imaginación, ingenio y ganas de divertirnos, son los ingredientes para pasar momentos de gran diversión.

Así que adelante, a sacarle mucha punta al lápiz y a repartir las hojas. Que los juegos en este tu libro "con lápiz y papel" están esperándote.

A continuación el espacio de las hojas en blanco que nos correspondía, ya está cubierto con la presentación de estos juegos, te toca a ti aprenderlos y sorprender a tus familiares y amigos.

Dale vuelta a la página, aquí no tenemos lugar para el aburrimiento.

¿Qué necesitas para jugar?

Antes de que comencemos a recordar y conocer los juegos, es conveniente tener a la mano algunos materiales para poder practicarlos.

Se necesita un block tamaño carta, con hojas desprendibles de cuadros grandes o pequeños.

Este block nos servirá para tener siempre hojas preparadas para jugar, además la cuadrícula nos ayudará para el trazado de líneas y cuadros, necesarios en algunos juegos. Con el block tendremos siempre hojas para jugar; ya sea en solitario, con otro amigo o con muchos más.

También es necesario contar con uno, o varios lápices (de preferencia los que tienen goma para borrar), además de un bolígrafo para hacer algunos remarques.

A veces necesitaremos del apoyo de un buen diccionario y de algunos ejemplares de periódico atrasados.

Para jugar con este último material, requerimos de tijeras sin punta y pegamento blanco.

Finalmente, para contar con la punta afilada de tu lápiz, te recomendamos tener a la mano un buen sacapuntas.

CAPÍTULO 1

Juegos tradicionales

Gato

1. Este juego es de los más conocidos, en él pueden participar dos competidores. El juego se desarrolla en una hoja de papel.
2. Aprovechando la cuadrícula de la hoja, se dibujan dos líneas paralelas horizontales y cruzándolas dos líneas paralelas verticales. El diseño divide a la figura en nueve partes iguales.
3. Los competidores se ponen de acuerdo antes de comenzar. Cada uno escogerá una figura para utilizar en el juego. Comúnmente se usan

los signos "X" y "O". También cada contendiente puede utilizar la letra inicial de su nombre para jugar, siempre y cuando no se repitan.

4. Por medio de un sorteo, se elige quién iniciará el juego.
5. Cada jugador intentará, por turnos alternados, colocar tres de sus signos, que deben ser iguales en línea recta. El que logre hacer esto es declarado ganador.
6. Si nadie logra ganar, se establece un "gato", es decir, un empate y nuevamente se puede volver a empezar.
7. Si el resultado del juego es un "gato" o empate, se coloca una letra "G" grande encima de la figura. Pero si existe un ganador se deberá colocar entonces la letra inicial de su nombre.
8. Al final de la hoja, se pueden contar los juegos ganados por cada contendiente y ver quién es el vencedor definitivo.

Tres en línea

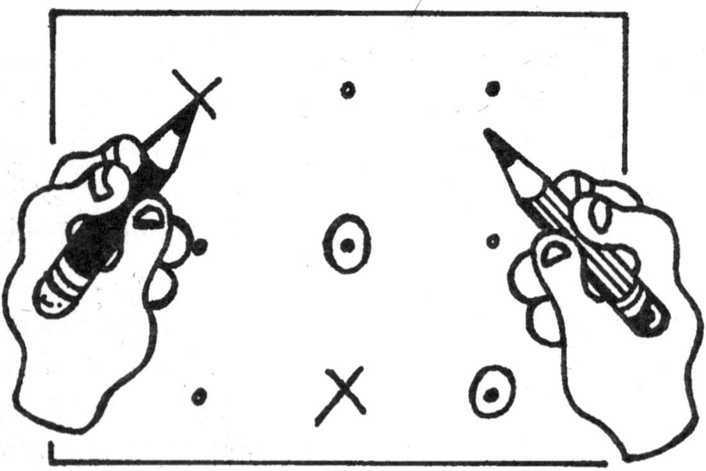

1. En este juego pueden participar dos competidores, los cuales lo practican en la misma hoja.
2. Este juego es el antecedente más antiguo del tradicional "gato", además de tener otros nombres como "tic, tac, toe" o "tres en raya".
3. Aprovechando la cuadrícula de la hoja, dibuja ligeramente tres líneas paralelas horizontales, y cruzándolas traza otras tres líneas verticales. En total tendrás nueve puntos de referencia en sus intersecciones.

4. Estas intersecciones remárcalas con puntos fuertes, para que sea el "tablero" de juego y el resto de las líneas bórralas.
5. El objetivo del juego es tratar de colocar en línea recta, los símbolos elegidos previamente por cada participante.
6. Una vez establecido quién juega con el símbolo "X" u "O"; también se sortea el orden de la tirada. Cada uno tendrá su turno alternativamente.
7. Quién logre en esos nueve espacios, colocar tres de sus signos en línea recta, es el ganador. En caso de que nadie logre ganar, se declara un empate y se procede a jugar de nuevo.

Timbiriche

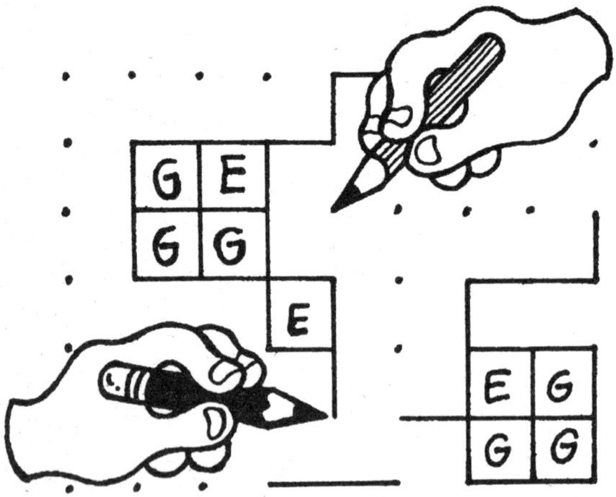

1. Este juego se desarrolla en una sola hoja. Participan al menos dos, aunque pueden jugar tres o hasta cuatro participantes.
2. El juego consiste en lograr hacer el mayor número de cuadritos con la letra inicial del nombre de cada uno de los participantes.
3. Aprovechando el cuadriculado de la hoja, se marcan pequeños puntos en los cruces. Lo ideal es formar una figura cuadrada de 10 puntos por lado; aunque depende del número de participantes para hacer un cuadrado más grande.

4. Mediante un sorteo se elige el orden de tirada. Una vez definido, se está listo para comenzar el juego.
5. El primer participante deberá unir dos de los puntos por medio de una línea recta, ya sea en forma horizontal o vertical.
6. Continúa el siguiente jugador, a él le corresponde poner también una línea recta. De igual forma harán lo mismo todos los participantes.
7. El objetivo es tratar de cerrar, por medio de una línea, los cuadritos para obtener puntos. Se pueden aprovechar las líneas trazadas por otros jugadores para formar los cuadros propios. Al lograr un cuadro perfecto, se anota en el centro de éste la inicial del jugador que lo cerró.
8. Si se logra hacer un cuadrito, continúa el mismo jugador, hasta que ya no logre formar la figura cuadrada. El turno será ahora del jugador que le sigue. Nadie podrá brincar a otro en turno.
9. Al cubrir totalmente de cuadritos el diseño de los puntos, se cuentan las iniciales que aparezcan y el que tenga más cuadritos cerrados con la inicial de su nombre es el ganador.

Basta

1. Puede participar el número de competidores que se quiera. Cada uno deberá tener una hoja de juego.
2. El juego consiste en colocar palabras, en al menos seis columnas de acuerdo a la letra inicial, que se va indicando
3. Previamente se establecen las categorías que se van a jugar, entre las cuales se pueden mencionar las siguientes, por ser las más comunes: nombre; país o ciudad; flor o fruto; animal; cosa u objeto, entre otras. Una vez

definidas las categorías, cada competidor anota en su hoja de juego el número de columnas establecidas: una para cada categoría. Al final se deja una última columna para la suma de los puntos logrados. En la parte superior de esta columna se debe colocar la palabra "total".

4. Cuando los participantes han terminado de elaborar su hoja de juego, con sus columnas correspondientes, están listos para iniciar la competencia.
5. Se elige al azar a uno de los contendientes para que comience a mencionar las letras del alfabeto y a otro competidor, para que diga la palabra "basta" y se detenga el primero.
6. Al que le corresponde deletrear el alfabeto, comienza gritando fuerte la letra "A" y las restantes letras las debe continuar llevando mentalmente, sin que se escuchen. Quien menciona la palabra "basta", lo hace cuando cree conveniente o a su gusto y el primero se detiene y menciona inmediatamente la letra en la que se detuvo. La letra mencionada será la inicial de las palabras con que se va a jugar.

7. Una vez mencionada la inicial, todos los participantes comienzan a escribir en sus columnas las palabras que se conozcan con la letra señalada. El primero que concluye de anotar palabras en las columnas, grita con voz fuerte "basta". Los demás deben dejar de anotar.
8. El que dio la voz de "basta", debe ahora mencionar la palabra anotada en su primera columna (la correspondiente a "nombre"). Es ahora el momento de que se conozcan las palabras anotadas por todos en la primer columna.
9. Se procede ahora a calificar. No se anotarán puntos a los que se descubra copiando o que sigan escribiendo aún después de que se dijo la palabra "basta".
10. Las palabras que no estén repetidas con las de otro jugador, se les otorgan 20 puntos.
11. Las palabras repetidas en esa columna, solo ganan 10 puntos. Si en esa columna no se anotó palabra alguna, se coloca cero.
12. Se continúa con la lectura de la segunda columna: "ciudad o país" y se califica de igual forma que en la columna anterior.

13. Lo mismo debe hacerse con las líneas que le siguen: "flor o fruto", "animal", "cosa u objeto", etc., hasta finalizar la lectura de todas las columnas en juego.
14. Cada competidor realiza una suma horizontal de sus puntos y los anota en su columna final, la que nos indica "total".
15. Es el momento de continuar el juego, por lo tanto necesitamos otra letra diferente. Se repite la acción desde el punto número 6, procurando que el que deletrea el alfabeto y el que menciona la palabra "basta", no sea el mismos del principio, sino otros, para darle a todos la oportunidad de participar.
16. También las letras elegidas no deberán repetirse, si esto sucede, se comienza nuevamente hasta que se juegue con la gran mayoría de ellas.
17. Al final de la hoja y una vez jugado con muchas letras, se hace la gran suma final. El que obtenga el mayor número de puntos es el ganador.

Ahorcado

Número de participantes: los que deseen ya sea en forma individual o en equipo.

Objetivo: Adivinar la palabra donde las letras están representadas con rayitas y por cada error se va formando el muñequito que finalmente, se ahorca en caso de no adivinar la palabra.

Cómo jugarlo:

1. En la hoja se dibuja la horca, la inicial de la palabra y su terminación, las rayitas sustitu-

yendo las letras y un cuadrado en donde se anotarán las letras que se van diciendo.

2. El que adivina dice una letra; si es correcta se escribe todas las veces que aparece en la palabra. Si es incorrecta se dibuja una parte del ahorcado.
3. Por cada error se dibuja una parte del cuerpo del ahorcado de la siguiente manera:

   Error 1. Cabeza

   Error 2. Cuello

   Error 3. Una pierna

   Error 4. Otra pierna

   Error 5. Un brazo

   Error 6. Otro brazo

   Error 7. Una mano

   Error 8. Otra mano

   Error 9. Un pie

   Error 10. Otro pie
4. Si en 10 oportunidades no adivinó la palabra el participante queda ahorcado y pierde.
5. Si adivina la palabra antes de que lo ahorquen, gana.

6. Aquí se proponen 10 oportunidades que pueden ser flexibles y alargarse poniendo detalles al muñeco.
7. También se puede jugar entre más, colocando una horca a cada uno de los integrantes y llevándole su propio registro con una misma palabra.

Para saber un poco más...

El juego del ahorcado también llamado "La horca" o "ahorcando al hombre" es un juego clásico que se tiene varias formas de jugarlo en distintas partes del mundo.

También recibe el nombre de "Crash", "Foreheads", "Completando al burro" y "Quemados".

Tripas de gato

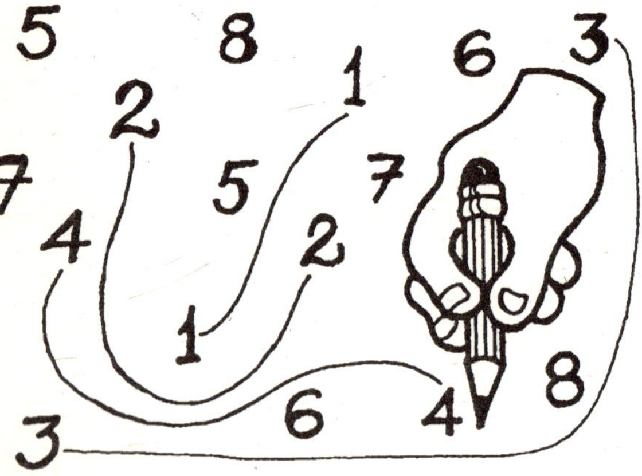

1. En este juego pueden participar dos competidores.
2. Uno de los competidores anotará en la hoja los números por pares del 1 al 9, para que el contrincante sea el encargado de unirlos.
3. La distribución de los pares de números se debe hacer aprovechando toda la hoja. Es conveniente comenzar por el par del número 1, luego el par del número dos y así hasta llegar al par del nuúmero 9.
4. Es el turno de jugar para el otro participante. Por medio de líneas se deben unir los pares de

números, comenzando por el par del numero 1, luego los números 2, los 3 y así sucesivamente en estricto orden, hasta el par del número 9.

5. A medida en que se avanza en las uniones de los pares, el juego se complica, porque existen tres limitantes:
   - ✎ No se debe cruzar ninguna otra línea.
   - ✎ No es válido tocar otros números.
   - ✎ Las líneas no deben salirse de la hoja.
6. Al principio, para hacer las uniones, se utilizan líneas rectas, pero también hay que usar curvas, y rodear los números para no fallar. A veces las líneas tendrán formas irregulares semejantes a las "tripas de gato", de ahí el nombre de este juego.
7. El juego termina cuando el primer participante haya logrado unir todos los pares sin fallar. Si por el contrario, el participante se equivoca, debido a que cruzó una línea, tocó algún número que no le correspondía o se salió de la hoja, se considera que ha perdido.
8. Ahora los papeles se invierten y el que unió los números, deberá anotarlos en otra hoja y el primer participante hará en esta ocasión las uniones.

Escaleritas

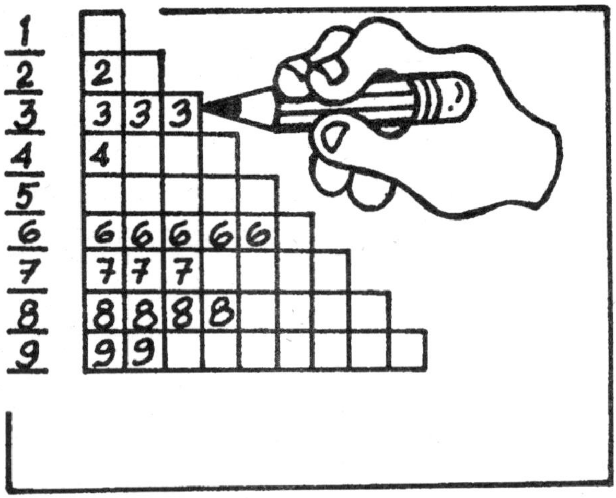

1. Se juega entre dos competidores. Cada uno con su hoja.
2. En la hoja, enumera del 1 al 9 en forma vertical. Al centro de la hoja también dibuja columnas dividiéndolas en cuadritos, de acuerdo a cada número, (en total marca 9 columnas) al final te quedará una escalera en donde habrá un cuadrito para el número 1, dos cuadritos para el número 2, tres cuadritos para el número 3, seis cuadritos para el número 6 y así hasta llegar al número 9.

3. Esta hoja con su escalera la deben tener los dos jugadores.
4. Estás listo para comenzar el juego. Se sortea el orden de tirada. Cada competidor tendrá alternadamente su turno.
5. Los participantes juegan frente a frente, ya sea en el suelo o en una mesa, lo suficientemente cerca para que se revisen los resultados, pero procurando que ninguno vea la hoja y los apuntes del otro.
6. El primer participante anota rápidamente en su hoja uno de los números del 1 al 9 (pero no dentro de la escalera) tapándolo entre la mano que escribe y la otra, tratando de que el contrario no se entere cuál escribió. El numero es tapado con cualquiera de las palmas de la mano.
7. El primer participante le pregunta al contrario si sabe cuál número anotó. Aquí surgen dos posibilidades:
   a) Si falla en el pronóstico del número, se deberá anotar en el primer cuadro del número correcto en la escalera del primer participante.

b) Si el pronóstico fue acertado, entonces el número deberá de ir al primer cuadrito del número que corresponda en la escalerita del contrario.

8. El turno es ahora para el segundo participante, quien deberá hacer los pasos anteriores.
9. La finalidad del juego es ir llenando la pirámide de números acertados por cada uno. Es importante señalar que se necesita acertar una vez para el número 1, dos veces para el número 2, tres veces para el número 3 y así sucesivamente hasta completar nueve veces el número 9 y anotarlos en los cuadritos.
10. En su oportunidad, quien acierta al número oculto, deberá de anotarlo en el cuadro respectivo.
11. Quién llene primero su escalerita , es declarado ganador.

Submarino

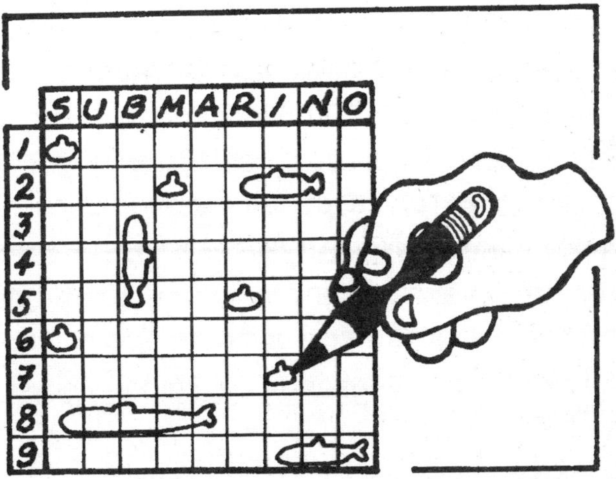

1. Pueden jugar dos participantes, uno contra otro. Cada competidor utiliza su propia hoja.
2. La hoja es marcada a la mitad. En cada una de ellas se dibuja un cuadrado. La parte superior servirá para anotar los disparos y en la otra los que se reciben.
3. Aprovechando la cuadricula de la hoja, se centran los dos cuadrados.
4. En forma horizontal se coloca la palabra SUBMARINO, procurando que cada letra ocupe un sólo cuadro.

5. Tomando como referencia el primer cuadro (uno antes del que ocupa la letra "S"), en forma vertical se enumera del 1 al 9, procurando también que cada número ocupe solamente un cuadrito. Al terminar estas indicaciones se formará una figura cuadrada.
6. Esta misma figura se repite en la parte de arriba, y están listos los cuadros para jugar.
7. Es el momento de colocar sólo en forma horizontal o vertical entre los cuadros, las siguientes figuras en forma de submarinos:
   - ✎ Un submarino grande de cinco cuadritos.
   - ✎ Tres submarinos de tres cuadritos.
   - ✎ Cinco submarinos de un cuadrito.

   Los nueve submarinos se colocan en el tablero de abajo, y el de arriba servirá para que se anoten los tiros al contrario.
8. El objetivo del juego es "hundir" los submarinos contrarios, antes de que el adversario lo haga con los propios.
9. Ahora comienza el juego utilizando las coordenadas de las líneas horizontal y vertical, de forma alternada, le corresponde a cada competidor hacer un "disparo" (obsérvese que en la palabra SUBMARINO no se repite nin-

guna letra y esto facilita el localizar las coordenadas).

10. Se colocan de frente y sin que puedan verse los cuadros con sus coordenadas respectivas entre sí. El primer competidor hace lectura de cualquier coordenada (por ejemplo U-5), el contrario debe de indicar si en ese cuadro hay algún submarino.
11. Si en ese cuadro no existe ningún submarino o alguna de sus partes, el contrario debe decir "no me diste" y corresponderá ahora cambiar de turno para atacar.
12. Pero si fue alcanzado uno de los submarinos o alguna de sus partes, el contrario debe decir: "me diste" y se continúa mencionando coordenadas con la intención de hundir totalmente el submarino.
13. Quien ha recibido un tiro en alguno de sus submarinos, debe decir: "lo hundiste", si todos los cuadritos que lo integran han sido mencionados.
14. El turno cambia cuando en la lectura de las coordenadas ya no se acertó en algún submarino o alguna de sus partes.
15. Se procura ir anotando los cuadros de disparo, las coordenadas que ya se han dicho, para

que no se repitan y se desperdicien tiros. Repetimos, los turnos son alternados a menos que se acierte en alguna de las partes de los submarinos.

16. Gana quien logre atinar a todos los submarinos contrarios y ha logrado hundirlos.
17. Se debe procurar jugar honestamente, no hacer trampas y decir cuando un submarino ha sido alcanzado. Por supuesto al termino del juego se pueden verificar los resultados.

Crucigrama

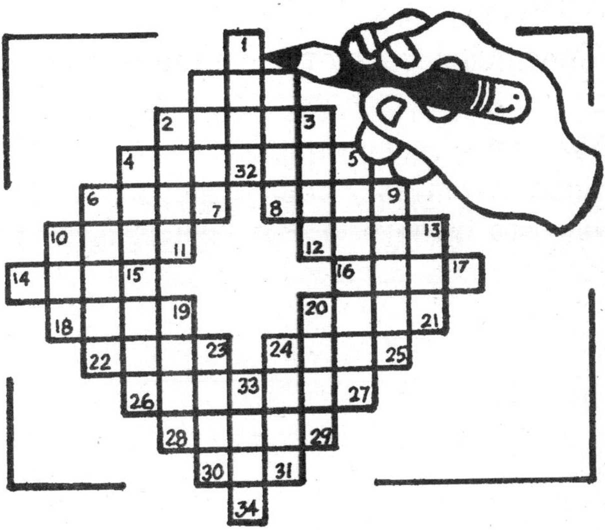

Es el más popular de los juegos con lápiz y papel.

Consiste en diagramas generalmente rectangulares o cuadrados.

Las palabras están separadas por cuadros negros y blancos, hay también barras entre los cuadros, siempre presenta una figura simétrica.

El primero que publicó un crucigrama fue Arthur Wynne, ingles que vivía en Nueva York, apareció en el periódico del domingo *New York World* el 21 de diciembre de 1913.

Este juego consiste en encontrar cierto número de palabras mediante definiciones dadas y transcribirlas a los cuadros blancos.

Se rigen con verticales, horizontales y un pequeño número en la esquina.

La ilustración que aparece en este juego es la representación del primer crucigrama de la historia.

Laberinto

Es un pasatiempo que esta formado de caminos que se entrecruzan entre sí, en donde se necesita un lápiz y un papel.

La palabra laberinto tiene su origen en el monumento egipcio de nombre *Lapi-ro-hunt* que significa "templo a la entrada del lago" y proviene del griego labyrinthos.

Este templo se mandó construir por Amenebrat III faraón de la XII dinastía, el cual fue su palacio, así como su tumba, pues a su muerte su cuerpo fue colocado en el centro del edificio en una pirámide de ladrillo revestida de piedras esculpidas.

A imitación de este laberinto construyen los griegos el de Creta que según Plinio no llegaba a la centésima parte del egipcio. No era posible salir sin guía, estaba compuesto de miles de habitaciones cuadradas cubiertas por sendos sillares y comunicadas entre sí por estrechos corredores.

Se dividían en dos pisos y otro subterráneo. El conjunto formaba una ciudad aparte de unos 200 m de largo y 170 m de ancho.

Actualmente, el juego del laberinto, además de ser un juego tradicional de lápiz y papel, cumple funciones en psicología para realizar test de inteligencia, tanto a niños como a adultos.

Sopa de letras

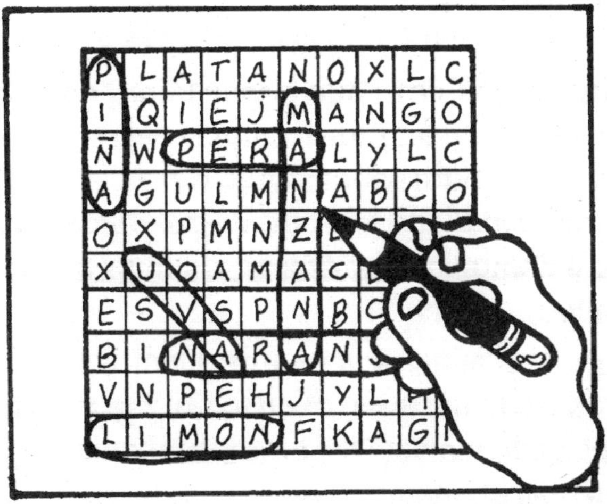

Integrantes: Pueden jugar desde dos participantes o un grupo grande si se tienen copias de las sopas de letras.

Objetivo: Localizar en un cuadro, las palabras de una lista previamente establecida.

Cómo jugarlo:

1. Antes de iniciar, alguien quien no participe en el juego (de preferencia un adulto), prepara la sopa de letras, para que jueguen los demás. Cada participante juega con su propia hoja

2. De entre un numeroso grupo de letras, perfectamente alineadas, pero no ordenadas sin sentido, se deben descubrir las 10 o más palabras de una lista que tenemos a la vista.
3. A la voz de una señal, el participante (o los participantes), con su lápiz, deben de encerrar las palabras que descubran. Una vez que se han localizado todas las palabras de la lista, se debe de informar a quien preparó o vigiló el juego.
4. Quien termine primero de localizar las palabras de la lista, en el caso de jugar en grupo, y al verificarlas no existan errores, es declárado el ganador.

Sugerencia:

¿Te gustaría aprender a hacer una "sopa de letras"?

1. Primero practica en figuras cuadradas. Ya con más experiencia, observarás que se pueden hacer "sopas de letras", en las figuras y en las siluetas que te imagines.
2. Aprovechando la cuadrícula de tu hoja, marca una figura de 10 x 10 cuadritos. Si tienes la

curiosidad de contar, notaras que en esa superficie hay exactamente 100 cuadritos.

3. En otra hoja aparte, anota tu lista de palabras para que otra gente la busque. Es recomendable tomar un tema y desarrollarlo. Por ejemplo, anota la lista de 10 frutas no importando el orden alfabético. Aquí te recomendamos usar un bolígrafo, para que tu sopa de letras sea permanente y se pueda trabajar en ella, pero procura no equivocarte, porque la tinta no se borra.
4. Toma al azar cualquiera de las palabras y colócala de tal forma que pueda leerse sólo de forma horizontal, vertical o diagonal. No es valido colocar las palabras, que se puedan leer en sentido inverso o para atrás. Escribe con letra de molde y procura que cada letra ocupe sólo un cuadrito.
5. Ahora pon el nombre de otra fruta de la lista, y colócala donde tu quieras. Escoge por ejemplo el nombre de una de las frutas de arriba de la lista y colócala en la parte de en medio del cuadro o una palabra de la parte inferior de la lista en los cuadros superiores o en diagonal. El objetivo es confundir al contrario.

6. Para hacer más difícil y divertida la sopa de letras, puedes cruzar las palabras aprovechando algunas letras, pero tratando de respetar las reglas: sólo en forma horizontal o vertical, con lectura de izquierda a derecha o de arriba abajo, respectivamente, o en diagonal, hacia arriba o hacia abajo, pero con lectura de izquierda a derecha. Es conveniente colocar las palabras en diferentes posiciones y en diversos lugares del cuadro.
7. Una vez que has colocado tus 10 palabras o más si es posible (en este caso: frutas), observarás que quedan muchos huecos en la cuadrícula. Pues es el momento de concluir tu sopa de letras.
8. En los espacios libres de la cuadrícula, coloca las letras que a ti se te ocurran, no importa cuales, pues puedes incluso poner unas cuantas w, x, y y z. El objetivo es crear confusión visual para que no se localicen fácilmente las palabras de tu sopa de letras. Nuevamente te hacemos la recomendación de que continúes utilizando letra de molde igual a la anterior y que ocupes sólo un cuadro por cada letra.

9. Una vez que colocaste todas las letras restantes, verifica que no queden huecos. Ahora es imposible localizar a primera vista tus palabras ocultas.
10. Es el turno de que le des a otro compañero tu lista de palabras para buscar y la sopa de letras respectiva.
11. Luego tu compañero puede hacer otra sopa de letras siguiendo estos pasos y eligiendo otro de los muchos temas, para que te toque a ti buscar las palabras.
12. Otra opción es que cada quien haga una sopa de letras de 10 x 10 cuadritos y al término y a una señal, comenzar a buscar las palabras; el que termine primero es el ganador.
13. Entre los temas para jugar, están las frutas, verduras, nombres propios, países, ciudades, equipos de fútbol, etcétera.
14. También si haces la cuadrícula de muchísimos más cuadritos, tendrás gran diversión.
15. Este juego también lo encontrarás en algunas publicaciones con el nombre de ensaladas.

CAPÍTULO 2

Juegos con alfabeto

Con una sola letra

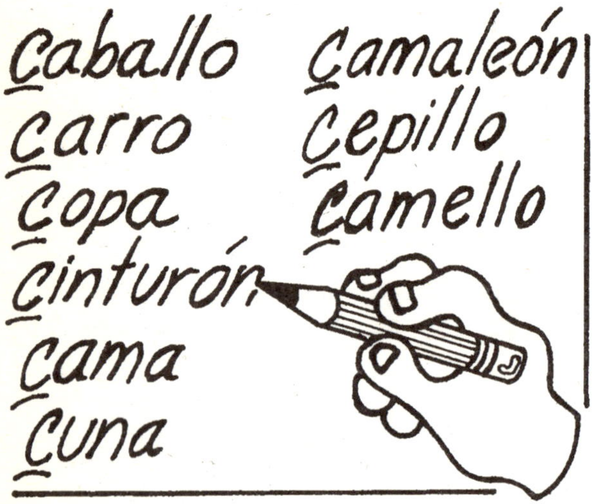

Número de participantes: Pueden participar el número que se desee, ya sea de manera individual o en equipo.

Objetivo: Escribir en el tiempo establecido el mayor número de palabras que comiencen con una letra determinada.

Cómo jugarlo:

1. Los participantes deberán tener una hoja cada uno si juegan individualmente, si es por equipo, una por equipo.

2. Se hacen papelitos con la letras del abecedario, se doblan y se revuelven.
3. Se selecciona al azar uno, con la inicial que salió, se debe hacer una lista de palabras en un tiempo aproximado de un minuto.
4. No se pueden inventar, repetir palabras ni poner marcas.
5. Gana quien haya realizado el mayor número de palabras.
6. Si se quiere se puede utilizar todo el alfabeto y el tiempo que se da a los participantes puede variar al gusto.

Sugerencia:

Otra forma no menos divertida es utilizando un libro y de ahí copiar las palaras que se encuentren con la inicial buscada.

¿Cuál es la letra?

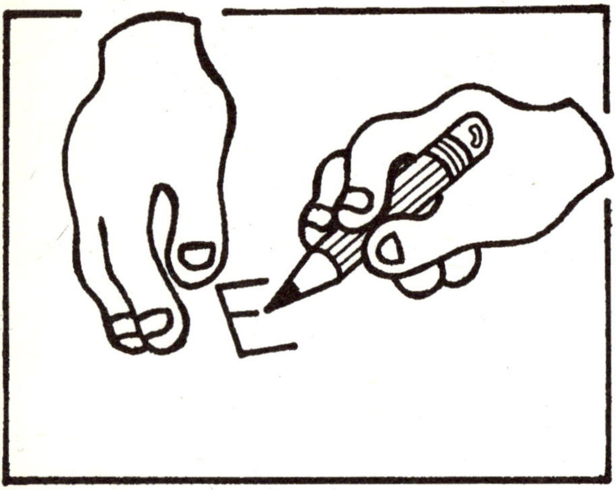

Número de participantes: Todos los que deseen, ya sea en forma individual o en equipo.

Objetivo: Adivinar la letra que se escribe con las pistas que se dan.

Cómo jugarlo:

1. Se escoge una persona para que escriba una letra sin que nadie la vea.
2. El que escribe da tres pistas.
3. Los demás pueden preguntar hasta dos veces sobre la letra.
4. Gana un punto quien adivine la letra.

5. Si el jugador puso su letra y no le adivinaron también gana puntos.
6. Gana quien adivine más letras y al cual no le adivinen, y logre más puntos.

Pára saber un poco más...

La figuradesigna a cada uno de los signos alfabéticos. Todas las letras que integran el abecedario español derivan del latín.

De paseo por el abecedario

Número de participantes: Pueden jugar el número de personas que deseen, ya sea de manera individual o en equipo.

Objetivo: Utilizar cada letra del alfabeto para escribir una palabra que tenga esa inicial en el menor tiempo posible.

Cómo jugarlo:

1. Cada participante pone en su papel una columna con las letras del alfabeto comenzando por la "A".

2. Se establecen dos minutos y se da la señal de que comiencen.
3. Se tiene que escribir una palabra que comience con cada letra del alfabeto.
4. Cuando termine el primero, todos dejarán de escribir.
5. Gana quien termine primero y no tenga faltas de ortografía.

Sugerencia:

Se pueden elegir temas específicos como nombres propios, nombres de películas, nombres de programas, animales, etcétera.

Para saber un poco más...

La palabra abecedario proviene del latín *abecedarium* de a, b, c. Es una serie completa de diferentes letras de un idioma puesta según el orden que en cada lengua le corresponde.

Las hay mayúsculas y minúsculas en nuestro idioma español.

El abecedario al final

Número de participantes: Pueden jugar los que deseen, ya sea de manera individual o en equipo.

Objetivo: Formar una lista de palabras en orden alfabético de la "A" a la "Z", cuya letra final corresponda al abecedario.

Cómo jugarlo:

1. Cada jugador hace una lista de letras de la "A" a la "Z".
2. Se tiene que llenar esa lista con palabras cuya terminación coincida con la letra que le corresponde al abecedario.
3. Gana quien termine más rápido la lista.

El diccionario

Número de participantes: Pueden participar el número que se desee, ya sea de manera individual o en equipo.

Objetivo: Clasificar en el menor tiempo posible, en orden alfabético, un conjunto de palabras.

Cómo se juega:

1. Se hacen grupos de palabras de 10 ó 20, dependiendo de la edad de los jugadores.

2. Se hacen en papelitos, se doblan y se revuelven.
3. Ya que todos estén listos con su papelito, se comienza a tomar el tiempo, que puede ser uno o dos minutos.
4. Sólo tendrán que poner un número comenzando desde el primero, en orden alfabético.
5. Gana quien termine primero y tenga el menor número de errores.

Sugerencia:

Se recomienda tener resueltos los grupos de palabras para poder checar los errores, es decir, tener el orden alfabético.

Para saber un poco más...

La palabra diccionario proviene del latín *diccion* que significa palabra. Libro en el que por orden alfabético contiene o define todas las palabras de uno o más idiomas o materia.

La primera edición del Diccionario de la Academia Española es del año 1726 o sea a los 13 años de la fundación de esta institución.

Este diccionario contenía ejemplos, sobre cómo usar las palabras por los escritores ilustres de habla castellana de ese tiempo.

El juego de la ortografía

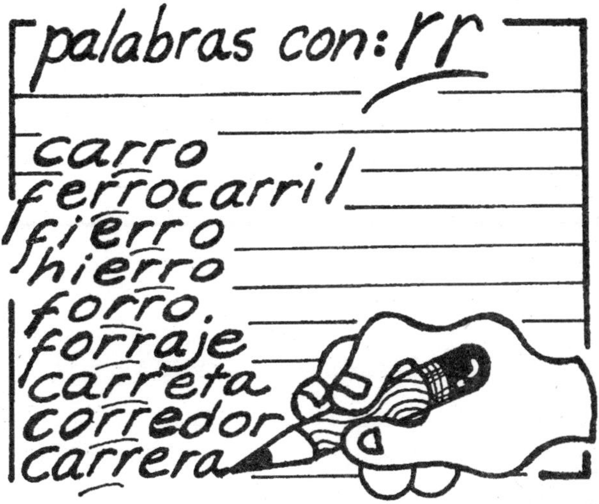

Número de participantes: Pueden participar el número que se desee, ya sea de manera individual o en equipo.

Objetivo: hacer la lista más grande de palabras con la característica de escritura que se determine.

Cómo jugarlo:

1. se ponen en papelitos las siguiente órdenes.

✎ Palabras con "CE, CI"

- ✎ Palabras con "V"
- ✎ Palabras con "J"
- ✎ Palabras con "X"
- ✎ Palabras con "S"
- ✎ Palabras con doble "R"
- ✎ Palabras con "H"
- ✎ Palabras con "G"
- ✎ Palabras con "QUE, QUI"
- ✎ Palabras con "B"
- ✎ Palabras con "Z"

2. Se doblan los papeles y se revuelven.
3. Se saca uno y todos tendrán que escribir una lista de palabras con esa indicación en un tiempo determinado.
4. Gana quien haga el mayor número de palabras sin errores, y sin repetir.

Sugerencia:

Si surge alguna duda, se puede consultar el diccionario.

Placas de coche

Número de participantes: Pueden jugar el número de personas que deseen, ya sea de manera individual o en equipo.

Objetivo: Hacer el mayor número de palabras que se puedan leer, formadas con sólo tres letras, simulando ser la mitad de una placa de identificación de un auto. En nuestro país las placas de los autos se forman con tres números y tres letras pero, para hacer este juego sólo utilizaremos las letras.

Cómo jugarlo:

1. Cada participante juega con su propia hoja.
2. Antes de iniciar el juego, se deben preparar pequeños papelitos cortados en forma igual (se necesitan aproximadamente 30). En cada uno se coloca una letra del alfabeto. Una vez que se hizo lo anterior, se doblan y se meten en un recipiente de plástico o en un vaso para hacer un sorteo.
3. Uno de los competidores elige sólo un papelito, lo desdobla y grita fuerte la letra que resultó sorteada. Ésa es la señal para comenzar a jugar.
4. Cada participante, en su hoja, anota rápidamente todas las palabras que se le ocurran y que comiencen con esa letra, pero que no excedan de tres, aquí se puede jugar de dos formas.
   a) Se pueden formar palabras sencillas que tengan lógica al momento de leerse, por ejemplo: AVE, PIO, LEO, SON, VAN, LAS, CAE, etcétera.
   b) Los expertos pueden optar por inventar palabras que nos digan más con esas tres mismas letras, por ejemplo:

ABJ: a-be-jota

IDA: i-de-a

ETC: etcétera

DCO: de-se-o

SBB: ese-be-be

Para desarrollar este último juego se puede usar este vocabulario con las letras y sus sonidos aproximados

A - a	J - jota	S - ese
B - be	K - ka	T - te
C - ce	L - ele	U - u
D - de	M - eme	V - ve, uve
E - e	N - ene	W - dobleu
F - efe	O - o	X - equis
G - ge	P - pe	Y - ye
H - ache	Q - qu	Z - zeta
I - i	R - erre	

5. Ahora se da un tiempo razonable para anotar las respuestas (aproximadamente un minuto). Después se dejan los lápices aparte y cada uno leerá sus palabras anotadas. El que tenga el mayor número de ellas con la misma inicial será declarado ganador. Se puede llevar

un registro de palabras logradas por cada participante.

6. Se procede a sacar una nueva letra, así continúa el juego hasta que lo decidan los participantes. El que haya logrado un mayor número de puntos es el ganador.
7. Otra opción es proponer alguna letra y entre todos tratar de hacer combinaciones de tres y dos letras en voz alta, prueben a practicar esta variante del juego.

Sugerencia:

La combinación de algunas letras del vocabulario que presentamos anteriormente nos puede ayudar a inventar palabras e incluso frases, por ejemplo:

BK - beca

AV - ave

VO - veo

VT - vete

ATO - ateo

QK - cuca

Mensajes en clave

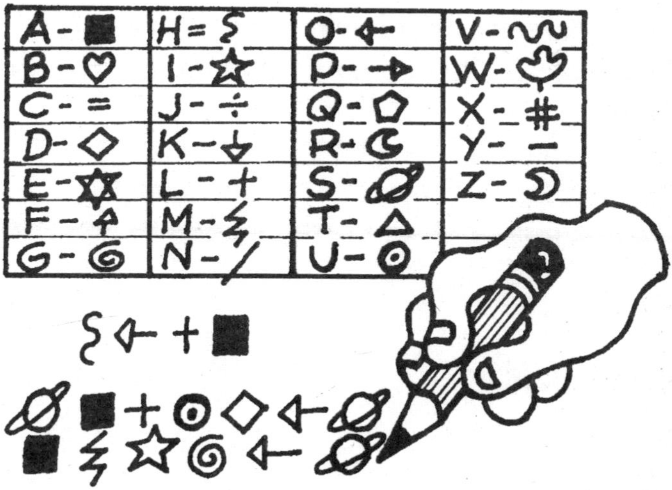

Número de participantes: Pueden jugar el número de personas que deseen, ya sea de manera individual o en equipo.

Objetivo: Interpretar el mensaje en clave y adivinar quién lo mandó.

Cómo jugarlo:

1. Se anota en una cartulina u hoja las letras del alfabeto y las claves que pueden ser letras, símbolos, dibujos o puntos.

2. Cada quien hace un mensaje y lo intercambia, con un determinado número de letras, para que todos tengan la misma extensión.
3. Gana quien termine primero y sea correcta su traducción, así como adivine quien lo escribió.

CAPÍTULO 3

Juegos con palabras

Deletreo de palabras

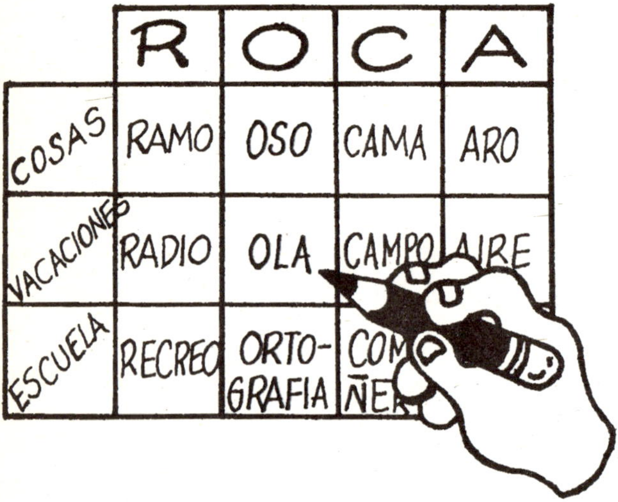

Número de participantes: Pueden jugar el número de personas que deseen, ya sea de manera individual o en equipo.

Objetivo: Llenar con cada una de las letras que tenga la palabra, otra palabra con la misma inicial.

Cómo se juega:

1. Se escoge una palabra con determinado número de letras para todos.

2. Se anota una columna para cada letra.
3. Se deberá de llenar con una palabra que tenga la inicial de esa letra.
4. Gana quien termine primero.

Sugerencia:

Las columnas pueden tener diferentes temas como casa, cosas, trabajo, vacaciones, etcétera y deben escribirse con la inicial de las palabras.

El juego de las sílabas

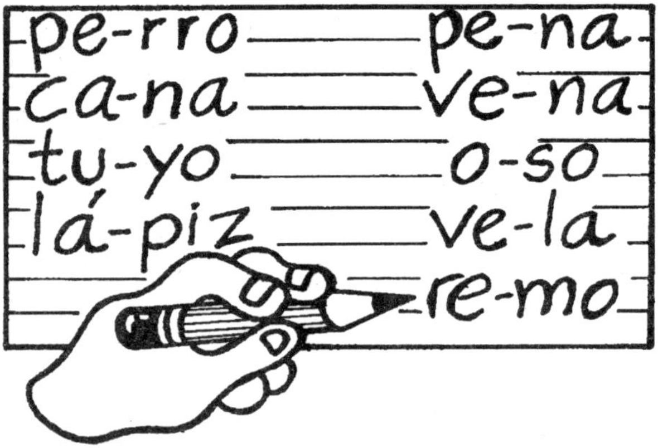

Número de participantes: Pueden jugar el número de personas que deseen, ya sea de manera individual o en equipo.

Objetivo: Escribir el mayor número de palabras que se pidan dependiendo del número de sílabas en un tiempo determinado.

Cómo jugarlo:

1. Se hacen papelitos con lo siguiente:
   - Monosílabas - Una sílaba
   - Bisílabas - Dos sílabas
   - Trisílabas - Tres sílabas
   - Tetrasílabas - Cuatro sílabas
   - Polisílabas - Cinco o más sílabas

2. Se doblan los papelitos y se revuelven.
3. Se escoge al azar un papel, el que salga será el número de sílabas que deberá tener la lista que escriba cada quien en su papel, en un tiempo de dos minutos.
4. Gana quien haga más palabras con ese número de sílabas.
5. Las palabras deberán estar divididas por sílabas.

Sugerencias:

Se puede poner un número meta y el que llegue primero gana, siempre y cuando estén bien divididas por sílabas.

Para saber un poco más...

Sílaba es una o más letras que se pronuncian en una sola emisión de voz. Se llama diptongo a la unión de dos vocales en una sílaba. Para que haya diptongo se requiere que una de las vocales sea fuerte y la otra débil, no acentuada o bien que ambas sean débiles. Ejemplos: huer-to, bue-no, baile, cuen-ta, pei-ne, viu-da.

Escalera de palabras

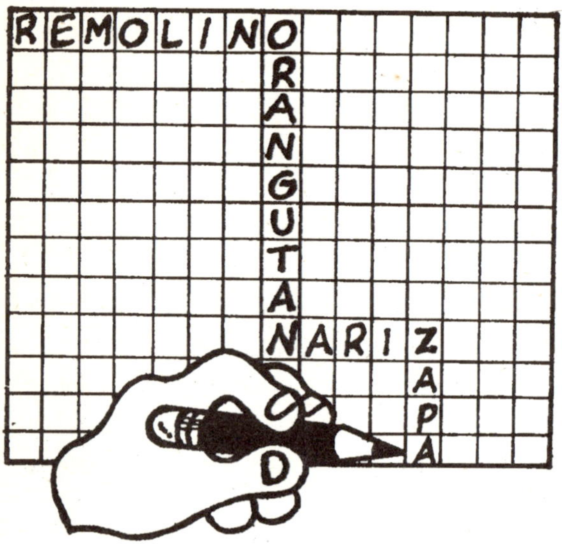

Número de participantes: Pueden jugar el número de personas que deseen, ya sea de manera individual o en equipo.

Objetivo: hacer una escalera comenzando con una palabra horizontal, seguida de otra vertical unidas por la terminación de la primera y la inicial de la segunda que tienen que ser la misma, en una hoja de cuadros hasta que ésta se termine.

Cómo jugarlo:

1. Todos deben tener una hoja carta de tamaño de cuadro.
2. Se dice una palabra al azar de un libro o revista.
3. Se escribe en el extremo izquierdo superior, comenzando por el primer cuadro de la esquina, la palabra dicha.
4. El siguiente paso es encontrar una palabra que comience con la misma que termino la primera y se coloca en forma vertical.
5. Y así sucesivamente hasta terminar los cuadros de la hoja en forma exacta.
6. Gana quien termine su hoja más rápido, es decir su cadena.

Jugando a... rimar

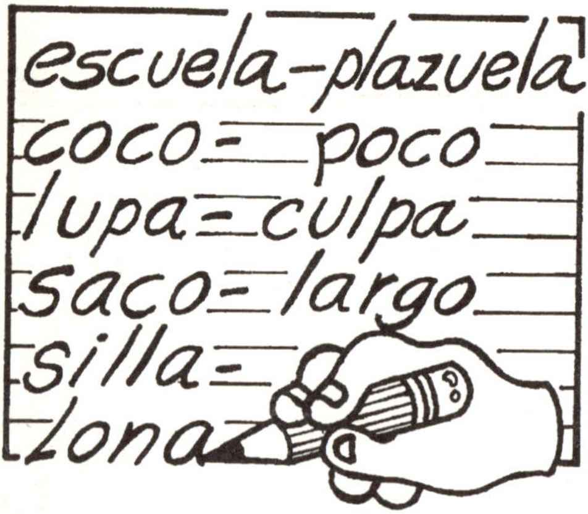

Número de participantes: Pueden jugar el número de personas que deseen.

Objetivo: Encontrar el mayor número de palabras que rimen.

Cómo jugarlo:

1. Se dicta una serie de 20 palabras sencillas y lasa escribe cada uno.
2. En un tiempo determinado se tendrán que encontrar palabras que rimen por su terminación.
3. Gana quien haga más en menos tiempo.

Sugerencia:

También se pueden utilizar oraciones que rimen, es más díficil pero puede ser más divertido.

Para saber un poco más...

La palabra RIMA proviene del latín y quiere decir ritmo. Este término se designa a la repetición de sonidos en dos o más versos a partir de la última vocal acentuada.

Aparece como adorno en la poesía clásica y se generaliza en los himnos cristianos del siglo XVIII y las primeras manifestaciones poéticas romances se presentan ya con ella.

Aquí algunos ejemplos de palabras que riman para aplicarlas en este juego: canta/santa, pasa/casa, suma/espuma, sargento/movimiento, viene/peine, barro/sarro, sandía/fría, rama/cama, sol/flor, ligera/tijera, río/mío.

De ida y vuelta

Número de participantes: Pueden jugar el número de personas que deseen, ya sea de manera individual o en equipo.

Objetivo: encontrar y formar palabras que se lean tanto de derecha a izquierda, como de izquierda a derecha.

Cómo jugarlo:

1. Se escogen palabras sencillas, se puede utilizar su nombre.
2. Se trata de formar palabras que se lean igual de ida que de regreso.
3. Gana quien logre encontrar más.

4. Algunos ejemplos son: LEÓN-NOEL, OMAR-RAMO, ARROZ-ZORRA, LAVA-AVAL, EDUCA-ACUDE, ORA-ARO, ROMA-AMOR, LOS-SOL, RES-SER.

Para saber un poco más...

Una palíndroma es una palabra, frase u oración a veces hasta un texto completo, que se puede leer tanto de izquierda a derecha como de derecha a izquierda.

La palabra palíndroma viene del griego y significa "vuelve sobre sus pasos".

La palabra más, más, más... larga

Número de participantes: Pueden jugar el número de personas que deseen, ya sea de manera individual o en equipo.

Objetivo: Escribir la palabra más larga, es decir utilizando más letras de acuerdo a una inicial previamente establecida.

Cómo jugarlo:

1. Se cortan papeles pequeños e iguales y se les anotan en cada uno las letras del alfabeto. También los participantes tendrán cada uno una hoja, de forma individual o por equipo, para hacer sus anotaciones.
2. Alguien seleccionado al azar, escoge uno de los papelitos y con la letra que aparece deberán jugar todos.
3. A una señal, de forma individual o por equipo, se escribe en la hoja de papel una palabra que comience con la letra que apareció. Por supuesto procurando que sea la palabra más larga posible.
4. Para hacer la anotación de la palabra, se da medio minuto. Sólo será permitido escoger una palabra.
5. Al terminar de hacer las anotaciones, cada uno por turnos, va diciendo la palabra elegida contabilizando un punto por cada letra utilizada. Ésa es su puntuación.
6. El competidor o el equipo que hizo la palabra más larga, se le otorgan tres puntos adicionales.
7. Se puede establecer previamente una meta de puntos.

8. No es valido copiar las palabras, ni repetirlas. Si las palabras se repiten los puntos deberán dividirse a la mitad.

Sugerencia:

Con anticipación se pueden poner números a los cuadritos de las hojas para anotar y contar las letras con más facilidad. Por ejemplo del 1 al 10, cuando se trate de palabras. También se puede jugar con refranes, siguiendo el mismo procedimiento.

Las palabras desordenadas

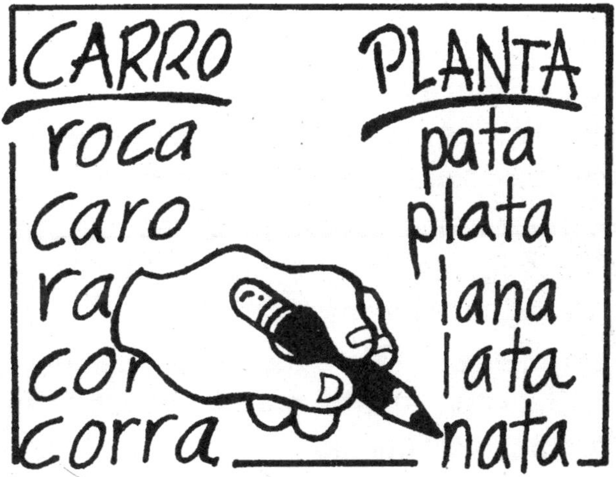

Número de participantes: Pueden jugar el número de personas que deseen ya sea de manera individual o en equipo.

Objetivo: formar con las mismas letras de una palabra, el mayor número de otras palabras diferentes.

Cómo se juega:

1. Los participantes deberán tener una hoja cada uno, para hacer sus anotaciones.

2. Previamente, se pueden hacer papelitos con algunas palabras, como ejemplo para que se puedan formar otras. Se pueden anotar las palabras que tengan un mismo número de letras.
3. Los papelitos debidamente doblados se reparten entre los participantes, para que descubran qué palabras les correspondió.
4. Para formar las nuevas palabras, se utilizan sólo las letras de la primera. Lo que no es valido es agregar más letras.
5. Se establece un límite de tiempo. Lo correcto es utilizar un minuto, para que todos tengan la misma oportunidad.
6. El que forme más palabras con base en la original es el vencedor.
7. No son válidas las palabras incongruentes, abreviaturas o inventadas.

Sugerencia:

La dificultad de encontrar las palabras más adecuadas para jugar, nos permite sugerir que cada competidor elija su propia palabra, la que más le acomode para desarrollarla.

Para saber un poco más...

La palabra ANAGRÁMA proviene del griego ana-abajo y grama-letra, se trata de transformar las letras de una palabra en otra.

Desde la antigüedad, lo usaban los griegos y los romanos. En la edad media fue utilizado por las ciencias ocultas y la alquimia.

Lápiz por número de letras

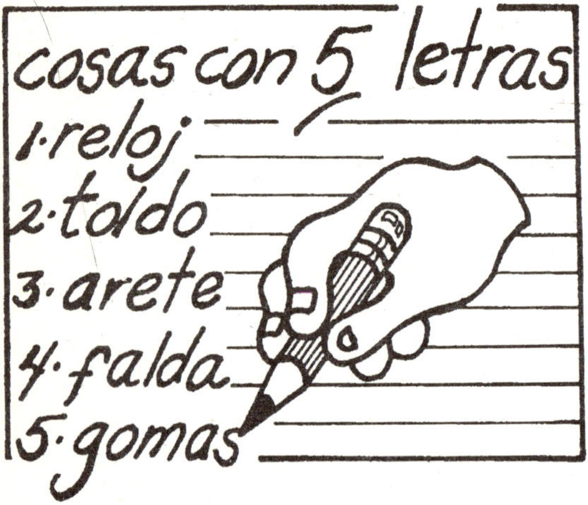

Número de participantes: Pueden jugar el número de personas que deseen, ya sea de manera individual o en equipo.

Objetivo: Estimular la agilidad mental, escribiendo lo más rápidamente posible cuando se den las indicaciones de lo que se pide.

Cómo jugarlo:

1. Se escoge un jefe que diga las órdenes que pueden ser de diversos temas como: cosas,

flores, frutos, marcas, libros, programas, etcétera, y el número de letras que deben tener las palabras.

2. La persona que lo escriba más rapido gana.
3. Se puede poner una meta de puntos y el que llegue primero gana.
4. Se pueden designar 1°, 2° y 3er lugar según las calificaciones correspondientes.

Los contrarios

Número de participantes: Pueden jugar el número de personas que deseen.

Objetivo: Hacer en el menor tiempo posible, los nombres de los contrarios o antónimos de la lista que se presenta.

Cómo jugarlo:

1. Cada participante deberá jugar con su propia hoja de papel.
2. Previamente al inicio del juego, se elabora una lista de sustantivos, se dicta a los partici-

pantes o se le saca copias para repartirlas y que sean resueltas.

3. Es el momento de comenzar el juego. A una señal todos los participantes tratan de resolver la lista correspondiente y el que termine primero y tenga correctamente las respuestas, es declarado ganador.

Sugerencia:

Se pueden inventar muchas listas en grupos de 10 palabras cada una, para tenerlas disponibles en juegos posteriores.

Para saber un poco más...

La palabra ANTÓNIMO deriva del griego "contra y nombre". Significa palabra opuesta. Ejemplos: bueno-malo, limpio-sucio, odiar-amar, dilatar-contaer, grosero-educado, etcétera.

Niño o niña

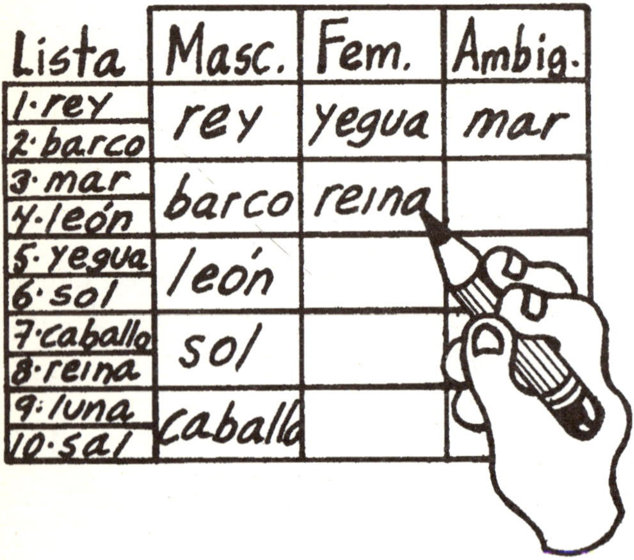

Número de participantes: Pueden jugar el número de personas que deseen, ya sea de manera individual o en equipo.

Objetivo: Clasificar, completar y terminar los sustantivos que dan en femenino, masculino y neutro.

Cómo jugarlo:

1. Cada uno hace una lista con cuatro columnas; femenino, masculino, neutro y total.
2. Se dicta una lista con 10 sustantivos, quien logre completarla bien, en el menor tiempo, gana.

Sugerencia: Quien gana en cada lista, le toca dictar otra lista de 10 hasta completar 10 listas, es decir 10 puntos.

Terminando con las palabras

Número de participantes: Pueden jugar el número de personas que deseen, ya sea de manera individual o en equipo.

Objetivo: Escribir el mayor número de palabras con las distintas terminaciones que se sugieren en el tiempo establecido.

Cómo jugarlo:

1. Se establecen las terminaciones que se pondrán en papelitos para sortearlas y elegir una con la que se va a jugar.
2. Algunas terminaciones pueden ser las que se proponen a continuación: EMA, LAR, CIONES, AMA, RIA, CIA, MA, MENTE, SIMO, OSA, etcétera.
3. Se doblan los papeles con las terminaciones, se elige uno para todos y se establece un tiempo determinado, que puede ser uno o dos minutos.
4. El participante o equipo que haya logrado escribir más palabras con esa terminación tendrá un punto.
5. Gana quien llegue a 10 puntos.

Sugerencia:

Se pueden buscar mas terminaciones y también se puede utilizar el abecedario, para que las terminaciones sean letras.

Todo entre familia

Número de participantes: Pueden jugar el número de personas que deseen, ya sea de manera individual o en equipo.

Objetivo: Formar el número más grande de palabras que se derivan de una en particular, en un tiempo determinado.

Cómo jugarlo:

1. Se hace una lista de 10 o 20 palabras de las que pueden derivar varias y se numeran.

2. Al azar se escoge un número, se dice la palabra que le corresponde y todos tienen un minuto para escribir las derivadas de ésta.
3. La lista puede ser la siguiente:
    1. dormir
    2. vivir
    3. jugar
    4. morir
    5. zapatear
    6. bailar
    7. recibir
    8. dirigir
    9. enfermar
    10. divertir
4. El que logre tener más palabras tiene un punto, gana quien llegue primero a los 10 ó 20 puntos.

CAPÍTULO 4

Juegos con el periódico

Letras del periódico

Número de participantes: Pueden jugar el número de personas que deseen, ya sea de manera individual o en equipo.

Objetivo: Formar palabras con letras recortadas del periódico en el menor tiempo posible.

Cómo jugarlo:

1. Se necesita para jugar: tijeras, pegamento blanco, plumón grueso, hojas bancas, y una sección del periódico, ya sea por cada uno o por equipo.

2. Se elige una palabra al azar de un libro.
3. Se encierran en un círculo las letras que se necesitan.
4. Se recortan las letras y se pegan en la hoja para formar la palabra.
5. Gana quien tenga mayor puntuación, se puede poner la meta a 20 puntos y por cada palabra que se gane, es un punto.

Sugerencia:

También se pueden utilizar revistas y en lugar de hacer palabra por palabra se hace de una vez la lista de 10, 15, ó 20 palabras como se quiera.

Quién encuentra más

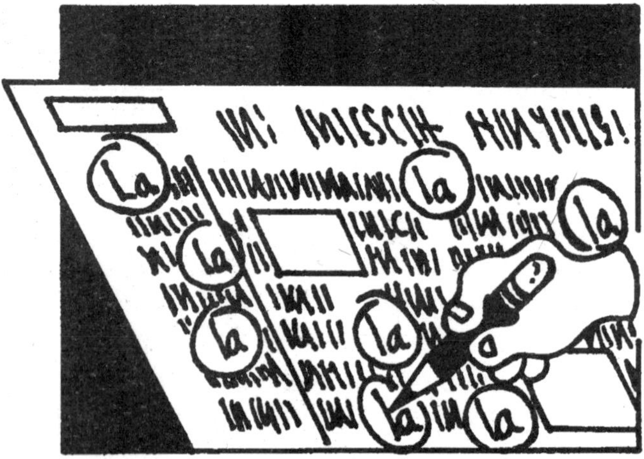

Número de participantes: Pueden jugar el número de personas que deseen, ya sea de manera individual o en equipo.

Objetivo: Encontrar en una hoja de periódico el mayor número de palabras determinadas, en un tiempo establecido.

Cómo jugarlo:

1. Cada quien o cada equipo necesita el mismo número de hojas de periódico, plumones de colores y una hoja para ir anotando la cantidad de veces que encuentra las palabras.

2. Se eligen al azar las palabras que se van a encontrar, pudiendo ser preposiciones, conjunciones o artículos.
3. En un tiempo determinado se tendrá que subrayar o encerrar en un círculo las palabras elegidas.
4. Se cuentan y el que haya encontrado más, es el que gana un punto.
5. Gana quien llegue primero a la meta de 10, 20 ó 25 puntos. Todo depende de la duración del juego que se quiera.

Sugerencia:

Se pueden también recortar y pegar como el juego "Letras del periódico" y resulta muy divertido, aunque más complicado.

Viendo la foto

Número de participantes: Pueden jugar el número de personas que deseen, ya sea de manera individual o en equipo.

Objetivo: Encontrar en una foto detalles y objetos que vayan de la letra "A" a la "Z".

Cómo jugarlo:

1. Se necesitan recortar fotografías y anuncios del periodico.
2. Se reparte una a cada uno.

3. Se hace una lista de la "A" a la "Z" para que con base a la fotografía se escriban objetos y detalles con las iniciales del alfabeto.
4. Gana quien gracias a su creatividad y observación logre hacer más palabras de su lista.

Sugerencia:

Se puede utilizar una sola foto para todos.

CAPÍTULO 5

Juegos con números

Números mayas

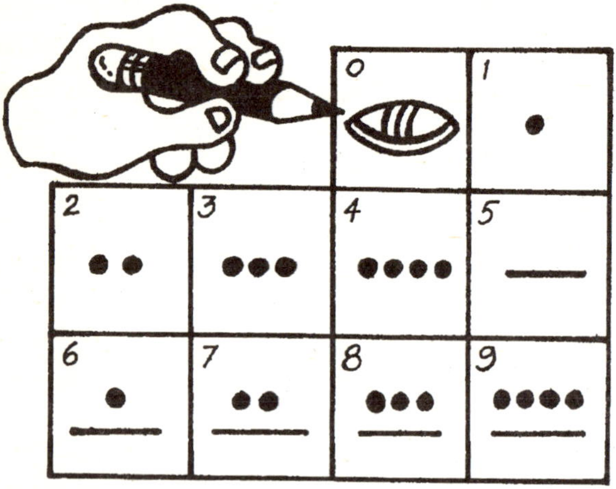

Número de participantes: Pueden jugar el número de personas que deseen, ya sea de manera individual o en equipo.

Objetivo: Aprender y dominar los números mayas para poder realizar dictado y operaciones con ellos.

Cómo jugarlo:

1. Se hacen 20 tarjetas del 1 al 20 con sus respectivo número en maya, guiándose de la ilustración.
2. Cada quien en su hoja realizará una suma, una resta, una multiplicación y una división. Nin-

guno de los números o resultados excederán de 20.

3. Se intercambian las hojas, la primera persona o equipo que logre transcribir y resolver las operaciones con números mayas será el ganador.

Sugerencia:

Con las tarjetas de los números a la vista también se pueden hacer dictados de números y quien logre dominarlos más, gana. También se pueden poner sólo sumas o una sola operación.

Para saber un poco más...

Los mayas siempre fueron un pueblo muy inteligente que aportó a la humanidad muchas cosas. Entre sus aciertos están el uso del cero y el sistema numérico vigesimal que es de 20 en 20. Sus números básicos los expresaron en "glifos".

Números romanos

Número de participantes: Pueden jugar el número de personas que deseen, ya sea de manera individual o en equipo.

Objetivo: Dominar los números romanos para traducirlos a fechas.

Cómo jugarlo:

1. Se escriben en una hoja o cartulina los valores principales de estos números.

I - 1	C - 100
V - 5	D - 500
X - 10	M - 1000
L - 50	

Recuerda que los números romanos hacia la derecha se suman y hacia la izquierda se restan, además, no se pueden repetir más de tres veces.

2. Se elige un jugador que dicte 10 fechas.
3. Se da un tiempo determinado que pude ser de un minuto.
4. Gana quien termine primero y tenga todas bien o en su defecto, quien tenga más aciertos.

Sugerencia:

Este juego es muy didáctico para practicar los números romanos en la escuela o en la casa y para los adultos no esta de más repasarlos.

Para saber un poco más...

Actualmente, los números romanos tienen las siguientes aplicaciones: en carátulas de relojes, capítulos de libros, tomos de una enciclopedia, denominación de siglos, diferenciación de Papas, reyes y emperadores del mismo nombre y fechas.

Se basan en siete letras del alfabeto, escritas siempre en mayúsculas.

Vocales y números

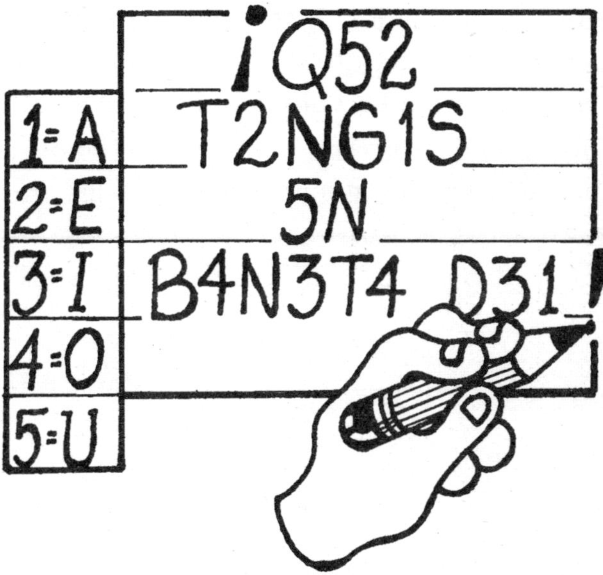

Número de participantes:
Pueden jugar el número de personas que deseen, ya sea de manera individual o en equipo.

Objetivo: descubrir en los mensajes, qué vocales están sustituidas por cuáles números.

Cómo jugarlo:

1. Cada quien hace una oración o frase de mínimo 5 palabras.

2. A las vocales se les asignará un valor del 1 al 5.
3. Se sustituyen las vocales por números, se anotan las oraciones o las frases en un papelito para intercambiar y en un minuto tratarán de descifrar que valor tiene cada vocal.
4. Gana quien descifre primero la frase u oración y tenga las equivalencias de las vocales.

CAPÍTULO 6

Juegos con dibujos

Cartas con dibujos

Número de participantes: Pueden participar todos los que deseen, ya sea en forma individual o en equipo.

Objetivo: Hacer una carta en donde se descifre el mensaje, mediante letras y dibujos.

Cómo jugarlo:

1. Cada quien con una hoja de papel intenta hacer una carta o mensaje.

2. Para utilizar los dibujos se tomará la primera sílaba para formar las palabras.
3. Se pueden utilizar todos los símbolos que se quieran como: mas, menos, por, entre.
4. Una vez terminada la carta se intercambian y el que la interprete mejor gana.

Cuadrados de palabras

Número de participantes: Pueden participar todos los que deseen, ya sea en forma individual o en equipo.

Objetivo: Formar cuadrados de tres por tres con palabras de tres letras que se lean horizontal y verticalmente.

Cómo jugarlo:

1. Se escogen tres palabras de tres letras.
2. Se hace un cuadrado de tres por tres, de manera que sean en total 9 cuadros.

3. Las palabras deberán leerse horizontal y verticalmente.
4. Gana quien haga más cuadrados en determinado tiempo.

Sugerencia:

Se pueden hacer cuadrados más grandes y que se puedan leer hasta diagonalmente. Todo depende de la creatividad y paciencia de los jugadores.

Para saber un poco más...

Los griegos fueron los primeros en realizar cuadrados de letras. Las utilizaban para las bases de sus monumentos, estatuas y otras obras de arte.

Dibuja y adivina

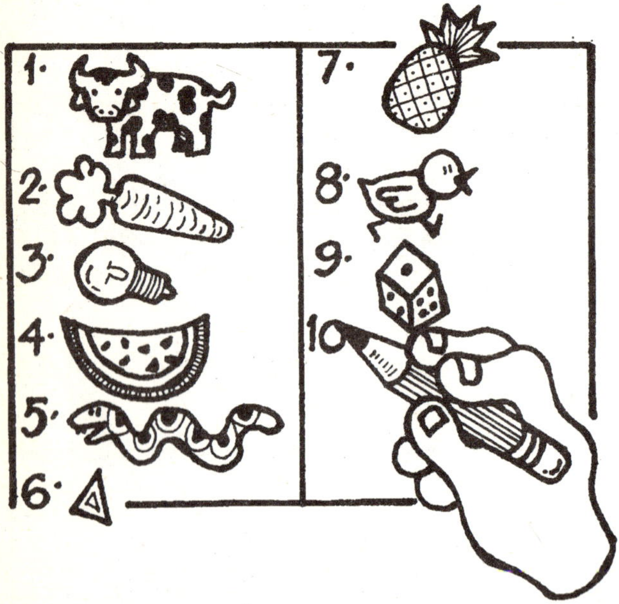

Número de participantes: Pueden participar todos los que deseen, de preferencia en equipo.

Objetivo: Adivinar por equipo más palabras por medio de dibujos.

Cómo jugarlo:

1. Se forman de preferencia dos equipos.
2. Cada equipo hace una lista de 20 cosas que se pueden ilustrar y se intercambian.

3. Se elige un "dibujante" y un "anotador" por cada equipo.
4. A ellos se les entregará la lista intercambiada en el momento preciso para que su equipo adivine.
5. El anotador ira palomeando las palabras que se adivinen y tomará el tiempo.
6. El dibujante deberá tener un plumón grueso y hojas tamaño carta u oficio y sólo hará los dibujos sin letras ni escrito, no se vale hablar.
7. Gana el equipo que haya adivinado más palabras.

Sugerencia:

Se pueden formar más de dos equipos, cada uno de ellos tendrá que hacer su propia lista e intercambiarla de manera que no le toque la misma que elaboró.

Las listas tendrán que incluir animales, partes del cuerpo, objetos, alimentos, verduras, frutas, etcétera. No se valen nombres propios ni ciudades.

Dibujos que hablan

Número de participantes: Pueden participar todos los que deseen, ya sea en forma individual o en equipo.

Objetivo: formar palabras cuyas sílabas se puedan dibujar.

Cómo jugarlo:

1. Previamente, al inicio del juego, se elabora una lista de palabras que se puedan dividir en sílabas y que también se puedan dibujar.

2. Las palabras mencionadas en el punto anterior, se anotan en unos papelitos; cada palabra en uno, los cuales serán doblados para que cada participante o equipo tome uno.
3. Cada competidor o equipo tiene un tiempo determinado, por ejemplo, un minuto o un minuto y medio, para representar la palabra en forma gráfica, es decir en dibujos de las sílabas.
4. Los participantes dibujan esas sílabas en una hoja. Si es de forma individual, el primero que lo logre gana. Si se juega por equipos, un integrante les muestra a los demás para que adivinen.
5. Cuando los papelitos se acaban, se deberán hacer o inventar más.
6. La puntuación para las palabras adivinadas de los papelitos es de un punto y por palabra adivinada pero que fue inventada, vale dos puntos.
7. Gana el participante o equipo que llegue a la meta de 10 puntos.

El juego de los círculos

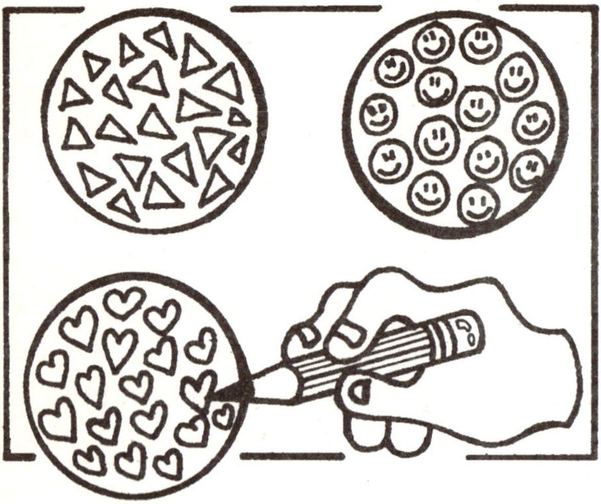

Número de participantes: Pueden participar todos los que deseen, ya sea en forma individual o en equipo.

Objetivo: Realizar dentro de un círculo el mayor número de dibujos que se pueda.

Cómo jugarlo:

1. Se hace una lista de objetos sencillos que se puedan dibujar, por ejemplo:

1. casa
2. pelota
3. caritas
4. muñecos
5. triángulos
6. moños
7. corazones
8. sillas
9. mesas
10. lápices

2. Se escriben estas palabras en papelitos y se elige uno al azar.
3. Se trazan 10 círculos por jugador, estos pueden ser dibujados con cualquier tapa u orilla de un vaso o moneda. Tienen que ser todos del mismo tamaño.
4. El dibujo que haya salido en el papelito, es el que se tendrá que hacer el mayor número de veces posibles.
5. Tiene un punto quien logre hacer más dibujos dentro de su círculo, no se debe hacer ni cruzar la orilla.
6. Gana quien tenga mayor puntuación en sus círculos.

Sugerencia:

La lista de dibujos puede ser cambiada o hacerse más larga, también se pueden usar números.

La casita

Número de participantes: Pueden participar todos los que deseen en forma individual.

Objetivo: Dibujar una casa cuyas puertas y ventanas se puedan abrir y ver a través de ellas hacia adentro.

Cómo jugarlo:

1. Se necesita una hoja de papel tamaño carta y un lápiz.
2. Se dobla a lo ancho por la mitad.

3. La hoja se va a utilizar en forma horizontal.
4. En la mitad de encima se va a dibujar una casa con ventanas y puertas.
5. Con el lápiz se repintan estas líneas para lograr que se abran las ventanas, menos de un lado.
6. En la mitad de atrás, se dibujarán situaciones o personas que habitan la casa.
7. Al abrir las ventanas o las puertas se podrá ver el interior de la casa.
8. Aquí nadie gana, sino cada quien iluminara y tendrá su casa.

Sugerencia:

Con este mismo sistema se pueden hacer otras figuras como el bosque con árboles, la playa, las nubes, etcétera.

Mímica con dibujos

Número de participantes: De preferencia se forman dos equipos.

Objetivo: Adivinar el título del cuento, película, libro o programa de televisión por medio de un dibujo.

Cómo jugarlo:

1. Se forman dos equipos.

2. Cada equipo escoge el título a dibujar y un representante.
3. El representante va al lugar del equipo contrario y le dibuja el título que le encargaron con el fin de que su equipo adivine.
4. No se vale poner letras en el dibujo ni hablar.
5. El equipo contrario hace lo mismo con su representante, en un tiempo determinado.
6. Gana el que tenga el mayor número de puntos o el que llegue a la meta primero.

Palabromas

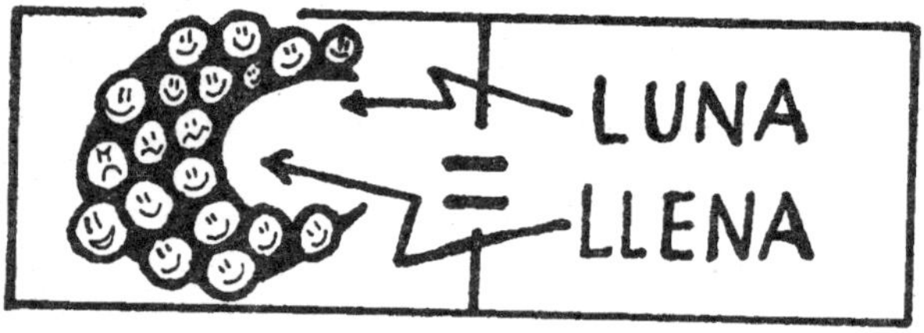

Número de participantes: Pueden participar todos los que deseen, ya sea en forma individual o en equipo.

Objetivo: Ilustrar frases o expresiones curiosas con dibujos ingeniosos.

Cómo jugarlo:

1. Cada quien trata de inventar varios palabromas, o tan sólo uno en un determinado tiempo.

2. Algunos ejemplos pueden ser: huevo cocido, lentes de contacto, Triángulo de las Bermudas, corazón sincero, luna llena, etcétera.
3. Gana quien haga más palabromas ingeniosos.

Sugerencia:

Se pueden coleccionar todos los palabromas que se vayan ocurriendo en un cuaderno.

¿Qué le falta?

Número de participantes: Pueden participar todos los que deseen, ya sea en forma individual o en equipo.

Objetivo: Adivinar a quién le falta determinada parte de su dibujo.

Cómo jugarlo:

1. Cada quien dibuja en su papel una figura que tenga cabeza, brazos, piernas, cuello, pies y tronco, pero que le falte alguna de éstas.

2. Se escoge un participante para que adivine qué parte del dibujo le falta a cualquiera de los participantes.
3. El "adivinador" tendrá tres oportunidades para adivinar, si lo hace tiene un punto, sino, se cambiará quien le adivine.

Sugerencia:

Se puede cambiar de figura, pero siempre, establecer muy bien las partes del dibujo o figura que se seleccione.

Sin levantar el lápiz

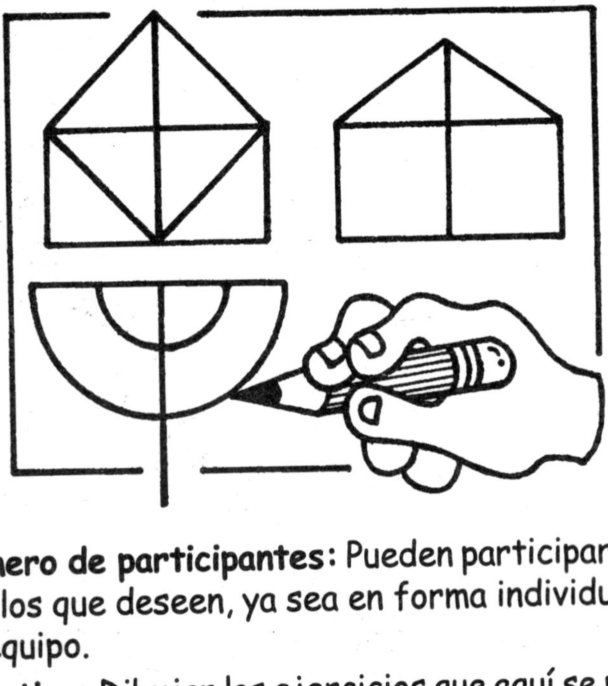

Número de participantes: Pueden participar todos los que deseen, ya sea en forma individual o en equipo.

Objetivo: Dibujar los ejercicios que aquí se presentan sin levantar el lápiz ni recorrer dos veces una misma línea o parte de ella (aunque sí se vale cruzar en un punto de alguna línea).

Cómo se juega:

1. Se le puede sacar copia.

2. Tratar de imitarlo del mismo libro.
3. Intentar es un reto muy divertido.

Sugerencia:

Si te sabes más, aumenta tu colección.

Para saber un poco más...

Lápiz es una palabra que proviene del latín *lapis*, que quiere decir piedra. Los primeros lápices se fabricaron en Inglaterra.

El lápiz de grafito lo invento el Ing. Francés J. Conté en 1795, mezclando el grafito con arcilla y envolviéndolo en madera de cedro.

En la actualidad, existen muchos tipos de lápices como el de color, el de plomo, el pastel, el rojo, el craso, el blanco, etcétera.

Triángulo de palabras

Número de participantes: Pueden participar todos los que deseen, ya sea en forma individual o en equipo.

Objetivo: Formar triángulos con las palabras eliminando en cada renglón una letra hasta que quede tan sólo una.

Cómo jugarlo:

1. Se seleccionan las palabras de aproximadamente siete letras, se ponen en papelitos y se sortean.

2. Tienen que ser aproximadamente 10 palabras para cada uno.
3. Se dan dos minutos, cada quien tomará un papel y desarrollará la palabra hasta quedar con una letra.
4. Al terminar toma otro papelito; el que logre hacer más palabras en forma de triángulo es el que gana.

Sugerencia:

También se puede repetir la misma palabra para formar un rombo con cuatro triángulos encontrados. Quien termine primero gana.

CAPÍTULO 7
Juegos varios

Cadena de oraciones

Número de participantes: Pueden participar todos los que deseen.

Objetivo: Crear oraciones con temas determinados en donde la última palabra de cada oración será la primera de la siguiente.

Cómo jugarlo:

1. Se dice cualquier tema para desarrollar la primera oración.

2. Los temas sugeridos pueden ser: México, fiestas, alimentos, dulces, ropa, programas, personajes, deportes, vacaciones, animales, etcétera.
3. Se da un tiempo determinado para desarrollar la cadena de oraciones.
4. Gana quien haga mas oraciones en un tiempo determinado, que por supuesto estén encadenadas.

Sugerencia:

Pueden realizarse con un solo tema o varios, como se decida.

El juego de los nombres

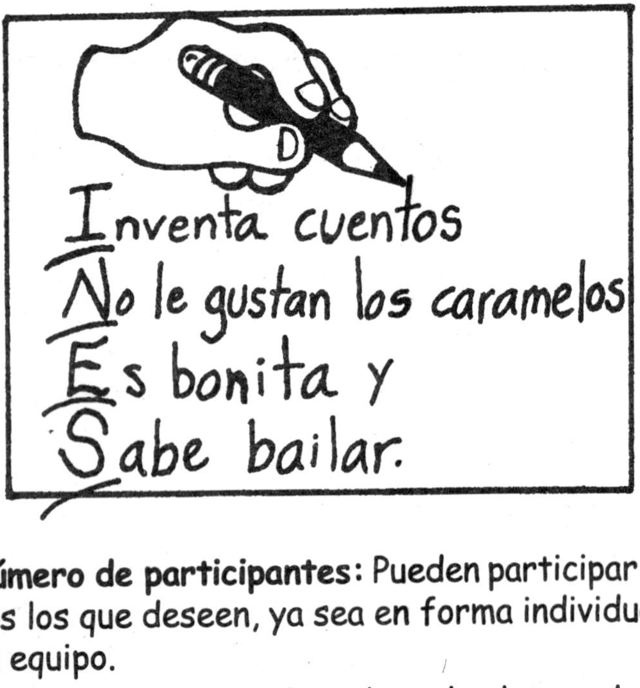

Número de participantes: Pueden participar todos los que deseen, ya sea en forma individual o en equipo.

Objetivo: Se trata de utilizar las letras de los nombres propios y formar frases, oraciones o palabras, con las características gustos y aficiones que se tengan.

Cómo jugarlo:

1. Cada participante deberá jugar con su propia hoja de papel.

2. Los jugadores pueden acomodarse sentados en el suelo y apoyándose en un libro o cuaderno, para apuntar en su hoja.
3. Se determina cierto tiempo para realizar el juego, por ejemplo un minuto o minuto y medio.
4. Se elige un nombre para desarrollar el juego. Es conveniente agrupar por número de letras, los nombres propios, para que no existan ventajas para ninguno de los participantes.
5. Gana quien realice la mejor descripción y en menor tiempo, del nombre propio elegido.

Sugerencia:

Se pueden utilizar los segundos nombres de las personas, e intercambiarlos con los de los amigos y amigas, primos, tíos, abuelos, etcétera. Este juego además de ejercitar la mente, ayuda al conocimiento de sí mismo y de la gente que nos rodea.

Para saber un poco más...

Un acróstico es la composición poética en la cual las letras iniciales, medias o finales de los versos forman una palabra o una frase siempre en forma vertical.

La palabra acróstico proviene del griego *akrostikhion* de *akros*, extremo y *stikhos*, verso.

El empleo del acróstico es muy antiguo. El poeta romano Quintus Ennius quien murió en el año 169 d.C. escribió un poema con las letras iniciales del título. En la literatura española, existe un ejemplo en los versos de "La Celestina" en la introducción un acróstico con este título.

El juego de los refranes

Número de participantes: Pueden participar todos los que deseen, ya sea en forma individual o en equipo.

Objetivo: Anotar el mayor número de refranes sobre un tema particular en un tiempo determinado.

Cómo jugarlo:

1. Se hacen papeles o tarjetas de cartón con los siguiente temas:

- ✎ Partes del cuerpo
- ✎ Animales
- ✎ El agua
- ✎ Alimentos
- ✎ La naturaleza
- ✎ Oficios

2. Se realiza un sorteo y la tarjeta elegida será el tema de los refranes para jugar.
3. Se da un tiempo determinado y el jugador o equipo que logre hacer más refranes sobre este tema es el ganador.

Sugerencia:

Se pueden desglosar los temas, si se quiere hacer más complicado el juego, como por ejemplo: la cara, el cabello, los pies, la vista, etcétera.

Para saber un poco más...

El refrán es una enseñanza de todos los pueblos, sentencia de carácter didáctico o moral que se trasmite oralmente a través de los siglos. Tiene dos partes: la primera presenta una situación, la segunda saca las conclusiones de tipo didáctico.

La más antigua colección española de refranes es la de "Los refranes que dicen las viejas tras el fuego", recogida por el Marqués de Santillana en el siglo XV, dado que el refrán se considera la expresión popular de la sabiduría divina. La principal recopilación es la del refranero espanol de Martínez Kleiser (1945).

Los cinco sentidos

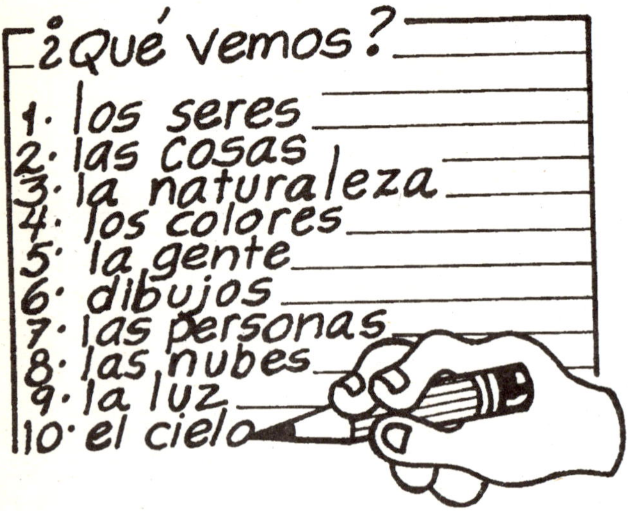

Número de participantes: Pueden participar todos los que deseen, ya sea en forma individual o en equipo.

Objetivo: Contestar al mayor número de preguntas relacionadas con los cinco sentidos, en un tiempo determinado.

Cómo jugarlo:

1. Se hace una lista con las siguientes preguntas:

1. ¿Qué vemos?
2. ¿Qué oímos?
3. ¿Qué olemos?
4. ¿Qué saboreamos?
5. ¿Qué tocamos?

2. Se hacen papelitos con números del 1 al 5, se doblan y se sortean.
3. Se elige uno al azar, es la misma pregunta para todos.
4. Cada quien tendrá que hacer una lista en determinado tiempo que puede ser uno o dos minutos, contestando la pregunta.
5. Se tiene que utilizar una sola palabra y numerarla, contestando así; lo que se puede percibir con ese sentido en particular.
6. Gana quien haga las lista más larga en el tiempo establecido.

ESTA EDICIÓN SE TERMINÓ DE IMPRIMIR EN LITOGRÁFICA PIRÁMIDE S.A DE C.V.
VIDAL ALCOCER #56, COL. CENTRO C.P. 06020 MÉXICO D.F. TELS: 5704 3827 • 5704 6175

DOBLAR Y PEGAR

SU OPINIÓN CUENTA

Nombre..

Dirección:

Calle y núm. exterior ....interior..................................

Colonia .... Delegación ....

C.P. .... Ciudad/Municipio ....

Estado... País ....

Ocupación .... Edad ....

Lugar de compra ....

Temas de interés:

- ❒ *Empresa*
- ❒ *Superación profesional*
- ❒ *Motivación*
- ❒ *Superación personal*
- ❒ *New Age*
- ❒ *Esoterismo*
- ❒ *Salud*
- ❒ *Belleza*
- ❒ *Psicología*
- ❒ *Psicología infantil*
- ❒ *Pareja*
- ❒ *Cocina*
- ❒ *Literatura infantil*
- ❒ *Literatura juvenil*
- ❒ *Cuento*
- ❒ *Novela*
- ❒ *Cuento de autor extranjero*
- ❒ *Novela de autor extranjero*
- ❒ *Juegos*
- ❒ *Acertijos*
- ❒ *Manualidades*
- ❒ *Humorismo*
- ❒ *Frases célebres*
- ❒ *Otros*

¿Cómo se enteró de la existencia del libro?

- ❒ *Punto de venta*
- ❒ *Recomendación*
- ❒ *Periódico*
- ❒ *Revista*
- ❒ *Radio*
- ❒ *Televisión*

Otros: ....

Sugerencias: ____

____

____

Juegos con lápiz y papel

CORRESPONDENCIA CON PORTE POR COBRAR

SOLAMENTE SERVICIO NACIONAL

CORRESPONDENCIA
REGISTRO POSTAL

DF-047-97

AUTORIZADO POR *SEPOMEX*

EL PORTE SERÁ PAGADO POR:

Selector S.A. de C.V.

Administración de correos No.: 7

Código Postal: 06702, México D.F.